Frühling

Johannes Schlaf

Alpha Editions

This edition published in 2022

ISBN : 9789356781528

Design and Setting By
Alpha Editions
www.alphaedis.com
Email - info@alphaedis.com

Contents

Frühling

Draußen am Hinterdeich hab ich mein Duselplätzchen.

Ein kleines Stündchen gehts durch die blütendurchwölkten Gärten, an Blumenbeeten, Gräben, Wiesen und Feldern vorbei, und ich bin an Ort und Stelle.

Und dann lieg ich tief im Gras, in der hellen Sonne, die Hände unterm Genick, und pfeife und simuliere in den blauen Himmel und die milchweißen Frühlingswolken hinein. Blühender Weißdorn über mir. Der frische Wind drin und Bienen, Hummeln, Fliegen und Schmetterlinge. In die Länge und Breite dehnen sich vor mir die Wiesen hell gegen dunkelgrüne Binsenstrecken hin zum Fluß hinunter, wogen und gleißen mit smaragdenen Wellen. Und in weiten Farben breitet sich roter Sauerampfer dazwischen und lilaweißes Schaumkraut mit zierlichen Dolden, gelbe Ranunkeln und Kuhblumen, und mit feinem rauchigen Silberflimmer die tausend und tausend Lichterchen der Butterblumen.

Langsam, im Schritt weidend, tauchen Kühe drüben auf dem andern Ufer aus dem frischgrünen, lichtflinkernden Erlengehölz. Braune, schwarze und gefleckte. Sie rupfen und brüllen. Und gemächlich her bis gegen die blitzende stillgleitende Fläche. Hoch aber aus dem weitgewölbten weißlichen Blau die Lerchen, und Kibitze hinter mir auf den Wiesenbreiten, Elstern und Raben. Kuckuck, Stare und Finken im Gehölz, und aus den tiefen grünen Dämmerungen heraus die Nachtigall.

Fern, weit vom Fluß herübergetragen, das Tuten eines Dampfers und das Kreischen der Möwen.

Hergetragen und verweht, aufjubelnd und verebbend hundert und hundert Laute und Lieder; und der herrliche, fröhliche Tumult der weiten Farben: hell, verhauchend, nah und fern, gleißend und sänftigend.

Und die warme, helle Sonne. Die stille, stille Sonne …

Meiner Einsamkeit entgegen.

So lustig bin ich, so stillfröhlich, so zutäppisch liebevoll wie ein Kind.

Mit jedem Pulsschlag, mit jedem Beben meines Körpers, mit jeder Bewegung liebkose ich die weit und lustig gebreitete Welt. Und mich liebkosen die Käfer, die Blumen und Bäume mit Summen und Blüten und Laub, mit Farben und Düften und hundert sanften Berührungen. Der leise Wind durch

Blätter und Gezweig liebkost mich, kühle Schatten und helle, warme Lichter, blaue Fernen und heitre Nähen, ziehende Wolken und Wellen.

Zwischen einem Getreidefeld und dem Erlengebüsch eines Grabens schlendr' ich hin.

Hoch ragt es über mich hinauf, hinein in endlos tiefe, klare Bläue. Lichtglänzendes Laub und wogende, wellende Halme biegen sich zu mir her, vor mir, hinter mir, zu beiden Seiten. Ganz, ganz versunken bin ich in jungem, duftenden Grün; über und über ist mein Kleid voll gelben Samenstaubes und feinen Blütengeriesels.

Kühles, wogendes, anschmiegendes Schmeicheln. Weite, weite jubelnde Bläue. Mückenspiel vor mir her, und auf blinkendem Gekräusel stille, weiße Blumen …

Hier lieg ich nun unter meinem Weißdorn, spiele und wandle mich nach Herzenslust.

Ich bin der alte Braak-Klaas. Bin über achtzig Jahre alt. Weißhaarig, mit rosigem Gesicht und hundert freundlichen Runzeln sitz ich vor meiner Tür. Habe lange rote Strümpfe, schwarzbauschige Kniehosen und eine hellblaue Weste an mit zwei Reihen dicker Silberknöpfe. Starkknochig sind meine Handgelenke, und lässig liegen meine braunrunzligen Hände auf den Knien, breit, behaart, mit dicken, knotigen Fingern und Adern. Ich sitze vor meinem Haus und zwinkre unter weißen Brauen in die sonnigen Apfelblüten hinein.

Hoch und langgestreckt mit goldiggrünen Moosflecken hebt sich über mir das mächtige, braunverwitterte Strohdach über der niedrigen Backsteinwand mit ihren weißen Kirschblüten und ihren Fensterchen breit in die blaue Klarheit.

Die Vögel singen in meinem Garten, und oben im Nest um die Giebeldrachenköpfe herum klappert der Storch bei der brütenden Storchmutter. Durch die offene Halbtür, von der Diele, weht ein feines, blaues Räuchlein vom Herd her in die warme, sonnenzitternde Luft. Mächtige Eichenschränke stehn da drin im kühlen Dunkel, zwei Jahrhunderte alt, und massives, rauchverdunkeltes Gerät mit hellbraunen, eingelegten Blumen und Vögeln, und rotbäckige Enkelkinder spielen auf dem glatten Estrich.

Drüben blinkert das Braak zwischen blühendem Gebüsch durch. Ein Fischewer schwebt still vorüber mit rotbraunem, weitgebauschtem Segel.

Über blumenbunten Beeten flimmert die warme Luft, und der Flieder duftet, und überall arbeiten sie in den Gärten.

Klug bin ich, schlau für zwölfe, mit meinen blinzelnden, wasserblauen Äugelchen, und meine Gedanken sind geschwätzig und plaudern von meinen achtzig Jahren, plaudern und nehmen Anteil, stillen, spöttischen Anteil.

Mild bin ich, freundlich, zufrieden, klug und hindämmernd müde …

Und jetzt bin ich ein Kind.

In einem roten Leibchen sitze ich auf einem Schubkarren, ganz eingewühlt in gelbe Blumen unter weißen, tiefhängenden Blüten, kreische und patsche mit dicken Ärmchen. Und wieder still. Staune und starre mit weiten klaren Augen in tausend sonnige Wunder hinein. Erkenne wieder und lerne zu. Und wie Staunen, Lust, Furcht und Begier wunderlich aus mir herausstammeln, wächst leise, leise in mir eine goldigfrische Welt; knospet und treibt und will blühen.

Von tausendfarbigen Hoffnungen jauchzt, braust, leuchtet und umduftet mich die weite Welt, und die blau verhauchenden Fernen locken in unschuldiger, reiner, frühlingsfrischer Pracht, locken so fern, so weit, so wunderbar …

Tiefer den Kopf ins Gras zurück.

Nun macht mich mein begehrender, ahnender Sinn kleiner und immer kleiner, und nun bin ich winzig, ganz ganz winzig klein.

Ich habe ein goldgrünes Röckchen auf einem runden, festen, geschmeidigen Körperchen, tripple mit sechs flinken Beinchen und habe zwei Äugelchen wie rote Rubinen, zwei scharfe, feine Äugelchen. Schlüpfe, schmiege, winde mich durch eine wunderliche, üppig verschlungene Endlosigkeit, wandere und weile, und wandere wieder, emsig, rastlos.

Von hier bis zum Fluß hinunter sind nun viele, viele Meilen, und da unten ist ein Meer, ein unabsehbares, strahlendes Meer.

Ich wandre und wandre, raste mit atemlosem Staunen, und wandre wieder, schaue und staune.

Jetzt bin ich tief, tief unten, in einem feuchten, braunen Dunkel. Da ist ein millionenfältiges Gewirr von Formen, Farben und Körpern. Da spreizt sich in dicken, dichten Ranken härenes Gekrissel, da filzt es sich über- und durcheinander mit Milliarden von Spitzchen und Hälmchen, von Blättchen, Knöspchen und Blüten. Millionen mächtiger Stämme im dichten Beieinander streben draus empor. Große, rote Würmer schlingen sich zwischen ihnen hin, und es kribbelt, und schlüpft und kriecht und schmiegt sich, zirpt, singt, pfeift und raschelt in einer Welt von Tönen, die noch nie mein vordem ungefüges Menschenohr vernommen hat, von Formen und Körpern, dunkel und bunt, wie sie nie mein Menschenauge sehen konnte. Die seh ich alle mit meinen feinen, roten Äugelchen, und höre sie mit einem scharfen, unendlich scharfen Gehör, und nehme das alles wahr mit zarten Sinnen.

Da glimmt Feuchte in feinen Perlchen, und in ihnen lebt das durchsichtige Getümmel neuer Welten in heimlicher Irispracht. Da dehnt es zarte Körperwände und zieht sie zurück. Da rinnt es zusammen, wächst und teilt sich. Da keimt es und bildet sichs, verschlingt und wehrt sichs im unendlichen Wechsel, im ewigen Hin und Wieder.

Und aus tiefstem braunen Dämmer streb ich hinauf am Schaft eines Grases, das nun ein Baum ist, ein mächtiger Baum, und strebe einem Schimmer nach, einem Glanz entgegen.

Ich fühle, wie es unter mir dadrinnen sich dehnt und mehrt, wie es rauscht von Säften und gärt mit freudigem, sehnendem Wachstum. Und nun teilt sich der Schaft in breite, langgespreizte Halme, und sie wieder mischen sich in ein milliardenfältiges, lichtgrünes Gewirr im ewigen Wechsel schwankender Biegungen. Millionen mächtiger Diamanten aneinander hingereiht in gleißender Pracht an den Rändern langgestreckter Stengelblätter. Flinkern und Leuchten silbriger Härchen. Lustiges Getier dazwischen mit tausend Tönen und Farben, mit Zirpen, Summen, Schrillen und Jauchzen, mit schwirrender Flügelpracht.

Lichter wird es nun und lichter. In einem sanften Biegen und Wiegen bin ich. Da seh ich die unerhörte Schönheit riesiger, leuchtender Farbenwunder gegen ein unendliches, laut, laut jubelndes Blau. Mächtige, silberweiße Sterne schaukeln da oben mit blitzenden Schwingungen auf schlanken, rauchflaumigen Stielen. Ich sehe runden Silberrauch, der sich um weißgrüne Kelchknöpfe ballt. Und blendend goldene große und kleine Sterne. Sanftgewiegte, still strahlende, fröhlich blitzende Wunder. Unzählige blaue, lilaweiße, rote, violette, tausendfarbige Kelch- und Glockenpracht, gezackt, beperlt, bewimpert, glatt, mit feinem Netzwerk bunter Äderchen, im dicht und weit geregelten Beieinander an schlanken und dicken runden Stengeln hinauf. Buntes, süß verwirrendes Gekrissel von Grasdolden und die tiefglühende, breitentfaltete Pracht des roten Mohns.

Und höher, immer höher!

Auf dem goldenen Kelchknopf eines riesigen, silberleuchtenden Sternes sitz ich, oben, hoch oben auf dem höchsten Wipfel, und schaukle mit selig dämmernden Sinnen, betäubt von Duft, Licht und dem weiten, unendlichen Einklang holden Getöns. Bunte, breitentfaltete Schwingenpracht gleißt über mir und an mir hin, rastet, bebt, glänzt, leuchtet auf herrlichen Blütenwundern, surrt und tönt in berauschenden, taumelnden Tänzen hinein in die warme, lichte Unendlichkeit. Jauchzende, kreischende, glockenklar süße, brüllende, wiehernde, zwitschernde, millionenstimmige Lust.

Und süße, warme Kraft in den Muskeln meiner Schwingen und bebende, sehnende Lust in meinem Leib. Und auf, hoch hoch hinauf in Wärme, Lichtflut, Glanz und Farbe. Und von mir geht ein Tönen aus, ein feines, wunderliches Tönen …

Jetzt habe ich einen Schilfhalm herausgezogen und bin nun Wißbegier, ganz Wißbegier und erkenne.

Hier ist ein langes, faltendes, blaugrünes Blatt. Und hier unter ihm ein zarteres mit einem helleren Grün. Und Blatt schäl ich von Blatt und Hülle von Hülle. So, und nun weiß ich eine große, stolze Weisheit: Blatt schließt sich um Blatt und Hülle um Hülle in alle Unendlichkeit hinein.

Ach, ich muß lachen, lachen!

Ich sehe einen schnurrigen alten Herrn mit einer mächtigen Brille auf einer langen, spitzen Nase. Er sieht aus wie ein uralter Chinesengreis. Sein Kopf ist wie ein Totenschädel, über den sich eine vergilbte, unendlich faltige Haut spannt. Er hat einen breiten mokanten Mund mit einer hochmütigen, ewig spöttisch-dummen Unterlippe und wasserblaue, neunmalkluge Äugelchen. Der kann die wunderschönsten Kunststücke aus lauter Normen, Regeln und Regelchen, Gesetzen und Gesetzchen zusammenbauen. Ein so kluges Wirrwarr, daß einem die Augen übergehen vor lauter lauter Staunen. Und mit seinen alten Beinchen versteht er sich auf den Eiertanz wie kein zweiter.

Ach – jetzt! hier! wie ungeheuer, ungeheuer spaßhaft der alte Würdetaper ist!

O, da unten zwischen feuchter, bröckelnder Krume schlingt sich durch das schwarze Dunkel ein blöder Wurm; und hier liegt ein zweibeiniges Tier, das spintisiert und klebt mit seinem Wollen und Entschließen an allerlei Gedankenleim fest. Weit, weit dahinten aber blauen ferne Berge. Und dort, auf dem höchsten Gipfel, auf der höchsten Wipfelspitze der höchsten Kiefer, da zwitschert und zirpt eine kleine Meise, und wenn sie will, so fliegt sie weit, weit in die blaue Himmelsfreiheit hinein …

Jetzt will ich. Und will ein Prophet sein, ein Seher.

Die Blumen blühen, die Bäume rauschen, die Wasser plätschern, die Vögel singen, und der Himmel blaut mir durch die weite, reifende Mittagsstille Offenbarungen, und das endlose Beieinander und Ineinander aller Wesen leuchtet mir eine Offenbarung.

Ich stammle Verheißungen, die sich erfüllen: jetzt, morgen, in hundert, in tausend oder in hunderttausend Jahren, hier, dort, irgendwo; die Wirklichkeit sind und sich erfüllt haben, jetzt, gestern, vor hundert, vor tausend oder hunderttausend Jahren, hier, dort, irgendwo …

Alles, alles ist eine einzige, große, fröhliche Einheit und alles Lebendige eine einzige große Familie.

Der andre? Die andre? Ist es nicht immer derselbe und ist es nicht immer dieselbe? Jeder für jeden, alle für alle, alles für alle und alles?

Trug ist Leid und Haß, Trug ist Trennung und Selbstqual, und Lüge ist die ewige Vernichtung, ein neckisches Spiel zuhöchst, ein bunter Traum der einen unendlichen Ruhe, die alles ist und in der alles beschlossen ist …

Dort drüben, im fernen, weißen Sonnendunst, breitet sich das Dorf.

Hinter breit gewipfelten, dunkelgrünen Linden hervor verschimmert die Kirchturmhaube mit ihrem hellblauen Schiefer spitz und gleißend in den gleißenden Himmel. Langgedehnt das rote Kirchdach, und die braunen Dächer lugen mit Giebelputz und Storchnestern aus weißen Blütenwolken.

Eng, gedrückt, so zieht es sich lang durch das weite Marschland hin.

Wärme, Summen und blendende Farben.

Schweigen. Lichtes, schwüles Schweigen.

Und der weite, weiße Dunst wogt und flirrt durch die heißen Höhen bis tief über Wiesen, Felder und flinkernde Wasser gegen mich her.

Ein Tönen hör ich und ein heimliches, tiefes Summen.

Ferner, ferner Orgelton und Gesang der Gemeinde.

Wechselnd, wellend, auf und ab, hin und wieder, im Bann eines feierlichen, getragenen Rhythmus.

Eine Sehnsucht hör ich in ihm, eine stille, niedergezwängte Sehnsucht.

Das ist die Sehnsucht nach Gott, nach dir, nach dir …

Und ich bin traurig, traurig …

Eingezwängt bin ich in zehn »Du sollst!«; in hundert, in tausend »Du sollst!« …

Traurig bin ich, traurig, traurig …

Und aus dem weiten, schwülen Brüten kommt ein Brüllen, ein langgedehntes, schmerzliches Brüllen.

Eine Kuh drüben bei den Erlen.

Bis an ihren weißen Bauch steht sie in dem hohen, schimmernden Gras. Sie hat den breiten Hals starr vorgereckt, und wie geängstigt stieren ihre großen, dunklen Augen.

Ich bin zusammengefahren.

Wie ein Sehnsuchtsschrei, irgendwoher, aus einem niederen, zwängenden, dumpfen Leid.

Und die weite Schwüle nimmt mich hin, umspinnt mich, umspinnt mich dicht mit einem trüben, dumpfen Brüten, mit einem tiefen, tiefen Grauen.

Unsinn!

Wie herrlich glüht hier die Nelke. Und die gelbe Königskerze hier: wie aus Gold, aus lautrem glänzenden Gold.

Wandern! Wandern!

Neulich der Spaziergang. Da waren zwei Enten, schnatterten zwei schneeweiße, prächtige Enten unten im Tal im hellen Bergbach. Und ein Spitz mit fröhlichem Gebell gegen mich her. Und über Stakete unzählige Rosen in entfalteter Pracht. Und wie schön das Dorf aus den wogenden, reifenden Getreidebreiten hervor. Schwalben an mir hin, dicht an mir hin, als ich rastete, daß ich das feine Wehen ihres Flügelschlags spürte.

Ich weiß, ich sang und schwatzte vor mich hin, ich weiß nicht was. Aber in mir war eine himmelweite Seligkeit und ein einziger, stiller Friede …

Lachen, lachen, lachen kann ich wieder, jauchzen, brüllen vor trotziger Lust am Leid, und mein heller Lebenswille geht von mir aus mit einem tiefen, befreienden Atem, und durch Laub und Gräser geht ein heimliches, fröhliches, neckendes Flüstern, weht kühl über meine Stirn und weiter über die Breiten hin, und ich atme es ein, tief in mich hinein wie einen süßen, geliebten Atemzug.

Lust am Leid, wilde, wild unbändige, fruchtbare Lust am Leid, Aufatmen und helles, klares, sonnenhelles Gestalten aus wilder Leidlust …

Nun bin ich wieder bei Laune.

So! – Jetzt lieg ich auf dem Bauch, die Deichböschung hinauf, lege mein Skizzenbuch vor mich hin und zeichne, was mir gerade in den Sinn kommt, allerlei Karikaturen.

Und nun beseh ich mir, was ich gezeichnet habe, und blättre und sehe, was ich vor Tagen zeichnete.

Da ist ein altes, nacktes, schwammiges Weib, unsagbar häßlich, neulich mal im Anfall einer bösen Laune hingekritzelt. Ich betrachte es mit lustig gekniffenen Augen und summe allerlei Übermut.

Die Sonne liegt grell auf dem Papier und läßt, wenn ich etwas von der Seite drauf niedersehe, die Konturen in leisen Irisfarben schillern. Ein Käferchen knistert drüber weg, macht halt, biegt seine Fühlerchen, putzt sich den Hinterleib und trippelt weiter. Weiße, gekrümmte Blütenblättchen treibt ein Lufthauch von dem Weißdorn über mir herab. Sie liegen blendend silberhell auf dem Papier wie auf mattem Goldgrund.

Der alte, gute, regenbogenschillernde Fettwanst.

Sachte, sachte, mit viel Sorgfalt bringe ich ihm jetzt zwei zarte Elfenflügelchen an den Schulterwampen an. Die Sonnenstrahlen tuschen sie mit Farben meinem Stifte nach.

Auch sie gut! – Alles, alles gut!

Und ich blättre weiter.

Da ist ein Geck. Mit einem winzigen Hütchen, weitem Jackett und Sackhosen.

Wie unbändig schön!

Auch er bekommt die beiden Flügelchen.

Und hier ein Betrunkener. Sein Taumeln ist ein Tanz, ein schöner Rhythmus.

Hier ist ein Weib, das ich bei einer Haustür kauern sah. Zerlumpt, vergrämt, stumpf, schmutzig.

Die Arme!

Ein mächtiges Mitleid überkommt mich.

Aber ich lache und weiß, irgendwie wirkt es in die Ferne und tröstet sie und macht sie lachen. Ihr Abbild aber hier, das ist nun schön, so schön wie die strahlendste Schönheit, die je gebildet wurde, die je in Fleisch und Bein einhergewandelt ist.

Und hier ist eine Dirne gezeichnet, wie sie mit schwankendem, hüftenschaukelndem Gang, in Nacht und Wetter, an flackernden Laternen vorbei, sich an den dunklen Häusern entlang drückt. Sie wird gescholten und mißachtet. Aber einmal, als ich bei ihr war oben in ihrer armen Spelunke, als ich sie in hingegebener, mitleidiger Liebe küssen konnte, da wurde ihr müdes stumpfes Herz lebendig und blühte mir entgegen wie ein schöner Frühling. Und in dieser Erinnerung nun ist sie mir so rein und adlig wie die reinste Jungfrau und blüht in Schönheit und Würde …

O überall, überall seh ich heimlich eine schöne, verjüngte Friedenswelt. Und ein Nahen spür ich, ein Nahen …

Gesang, Fröhlichkeit, unbändiges, unsterbliches Gelächter, Wein und goldenes Bechertönen, und Liebe, Liebe, Liebe! …

Der Länge nach lieg ich auf dem Rücken und lächele mit halbgeschlossenen Augen in das tiefe, blendende Blau hinein.

Nah und fern hör ich eine Musik.

Durch das Gesumme der Bienen und Hummeln, durch das Wispern der Gräser und Binsen, durch das heimliche, verlorene Plätschern blinkenden Gekräusels, aus den tausend Stimmen der Vögel, zwischen den rauschenden Büschen.

Sie lebt in dem Gebrüll der Kühe, in den zierlichen Schwunglinien glänzender Pferdeleiber, wie sie grasen; in dem Muskelspiel ihrer prächtigen Formen, wie sie dort gemächlich schreiten, oder schnell, mit mutwilligen Sprüngen hineilen durch das hohe, blumenüberragte Gras. Sie flirrt und flimmert und wellt in zierlichen Schwingungen durch die blauen Lüfte, wogt und schwirrt und schwingt wie feine Metallsaiten in dem Spiel der Insekten.

In unendlichen Farben, Formen, Tönen ein einziges Lied, ein einziger, einender, mächtiger Rhythmus, ein gewaltiger Einklang.

Jauchzt, jubelt, flötet, klagt, braust.

Kommt aus lichtdämmernden, gleißenden Weiten, wird offenbar, süß, schaurig, freundlich in den Nähen, verklingt in den Fernen.

Und ich: hingenommen in ihn, sein Widerklang, ganz, ganz sein Widerklang für eine Minute der Verlorenheit.

Suchen, haben und verlieren, und wieder suchen, halten und verlieren. Immer wieder und wieder und immer von neuem.

Das ist das Leben. Das ist alles Schicksal, und aus diesem einen werden alle Leiden und Lieder.

Eine Musik hör ich, nah und fern. Einen einzigen millionenstimmigen Akkord: das ist das Lied der Kraft. Das ist die Kraft.

Wer versteht es? Wer kann es widertönen lassen aus einer reinen, unverzagten Seele?

Ich will nichts als liegen und lauschen und immer lauschen, und lauschen und stammeln wie ein Kind, hingegeben in Ehrfurcht, in Lust und Jubel, in Schreck, in Furcht und Grauen und mit kindlichem Vertrauen wiederkehren und immer, immer wiederkehren …

Ich sehe in den Kelch einer Winde, in den flachen, süß duftenden Kelch einer Winde hinein. Und wie ich ihn betrachte, blicke ich mit weiten, wild erschauernden Augen in einen Abgrund der Erkenntnis.

Es ist eine einzige, große, unendliche Ruhe und Einheit, die sich durch die unermeßlichen Stufen des Lebendigen sucht und verliert, ewig sucht und ewig verliert und doch sich ewig hat in der Liebe und als Liebe.

Leben! Urbeginn!

Hinauf, hinauf mit sehnendem, allmächtigem Drange in Milliarden von verschlungenen Lebenswellen, die ansteigen und verrinnen, und mit immer neu verjüngter Inbrunst mächtiger und mächtiger dem Licht entgegen, dem Licht …

Es faltete sich auseinander in die Unendlichkeit der Formen und Farben, in immer mächtiger, sehnender kreisenden Schwingungen, durch die Weltenalter und Zeitmillionen unbegreiflichen und ungeahnten Klarheiten entgegen, im Auf und Nieder, im Hin und Wieder, im Werden und Vergehen …

Es wurde zu gewaltigen, ungeheuren Körpern und brüllte und jauchzte seine Inbrunst dem Unbekannten zu, suchend, suchend, suchend, und streckte sich, sich selbst zum Untergang und Leid, mit neuen, immer neuen, immer sehnenderen Sinnen dem Unbegreiflichen entgegen. Und es bebte hinein in den dunklen Kreislauf der Kraft mit dem Worte des Menschen, dem armen zitternden, eben erwachenden …

Das Wort aber, das erwachende, erstarkende Wort zwang das Verstreute zusammen, daß es geeint sich in die Mannigfaltigkeit unzähliger neuer Triebe und Kräfte spalte.

Ich träume und träume, und tief, tief lausche ich in mich hinein. Wie ein heimliches, staunendes Lauschen ist es in mir, wie ein stille treibendes, keimendes, aufblühendes Werden hellerer Augen, als die sich aus dem blöden Farbfleck jenes Urtiers entwickelten.

Nur noch eine dünne, dünne Scheide zwischen uns und einer neu erweiterten Welt neuer Wunder. Entgegen, entgegen der Klarheit hellerer Sinne …

Frühling! Frühling! Ewiger Frühling! Licht, das sich entflammt, hinein, hinein in ewig weichendes Dunkel!

Hier, hier, in mir, dort, irgendwo krümmt es sich in süßer, banger Werdequal in nun schlechter Hülle neuen Wundern neuer Offenbarungen entgegen.

Sonne! Sonne! Sonne!

Meine Blicke haften in dem weiten Blau, mit Sehnsucht, mit Sehnsucht …

Und nun – nun bin ich ein goldlichtes Wesen. Breites Silbergefieder sprießt aus meinen schimmernden Schultern, und heißes, goldenes Sonnenblut braust durch meine Adern, und ich rausche empor, empor, empor …

Eine Musik fern und nah.

Und nun in mir ein Wort, geboren aus Licht und Getön; es bebt mir im Ohr wie ein tiefer, voller Glockenton, irgendwoher. Aus einer Nähe, aus einer mystischen Nähe.

Ich kann sie nicht sehen vor lauter Licht. Nur meine Sehnsucht, meine Sehnsucht ist ihrer teilhaftig.

Ein Wort …

In mir ist ein Auge, und das sieht durch dieses Wort eine Welt.

Sie schwebt her zu mir mit webenden, gleitenden, leuchtenden Formen, naht und vollendet sich, mehr und mehr und immer mehr.

Freiland! Freiland!

Lauter Jubel ist in mir; lauter, laut aufjauchzender unbändiger Jubel!

Freiland! Freiland!

Und nun wieder still, still, und ich lächle und sehe.

Durch einen grauen Dämmer muß ich und durch alle Fährlichkeiten der sieben Berge, vorüber an Drachen und Gewürm, an Riesen und Hunden mit feurigen Augen, groß wie Wagenräder, und über gefährliches Zaubergelände mit Fiebermoor und großen, schwülen Blumen, zwischen denen böse, schöne Fabelwesen hausen und irre Lichter schweben, bis ich zu einem Walde komme; da wird es still.

Da rauscht und leuchtet buntes Gefieder zwischen dunklen, dichten Wipfeln, da huschen Sonnenstrahlen in träumerischer, neckender Verlorenheit, da sprießen heimlich wunderbare Blumen, und da wogen kostbare Düfte seltener Kräuter über helle Wiesen zu mir her, und wie im Traum geh ich durch milde, heimliche Märchenlichter.

Da klingen aus blauen, sonnenzitternden Dämmerungen glockenreine Melodien, und zierliches Getier schlüpft durch Gras und Laub und blickt mich an mit zutraulichen, klugen Augen.

Und wie ich so auf stillen Waldpfaden hinwandre durch streichelndes Laub und schmeichelnde Lüfte, über blumige Wiesen, und mehr und mehr der Lärm der Welt hinter mir erstirbt, da komme ich zu einer hohen, hohen Mauer, die dehnt sich weithin durch die finstren Schauer himmelanrauschender Edeltannen. So weit ich blicken kann, klettert dunkler Efeu hinauf, und Teufelszwirn ballt sich hernieder in graugrünen Dunstwolken, und dazwischen weit, weithin entfacht mit freundlichen Lichtern unzählige Blüten von Dornrosen.

Aber da ich ein Sonntagskind und ein Berufener bin, weicht das Dickicht willig vor meinen Schritten, und eine Pforte tut sich auf, und sicher und mühelos schreite ich durch das dicke, trotzige Mauerwerk.

Dann bin ich in einer andren Welt.

Heller scheint hier die Sonne, und heimlicher sind die Schatten, klarer die stillen Wasser und fröhlicher das Geriesel lebendiger Bäche, grüner die Wiesen und Hügel. Mächtiger gipfeln sich hier die Wälder in die Wolken; mit heißeren Farben und Düften glühen die Blumen, üppiger und immer üppiger spreizen Pflanzen und Kräuter seltsame Blätter, und in tieferen Farben brennen bei Auf- und Niedergang die Himmelsbreiten. Große, schöne

Menschen haben sich hier zusammengefunden, geschwisterlich, ein König jeder in Freiheit und in der Seligkeit weltfernen Glückes.

Kräftiger ist das Mark in ihren Knochen, und freier strahlt ihr Blick der Welt entgegen, und wie der Blitz folgt dem Gedanken die Tat. Geeint leben sie in Freiheit; nicht mit der zagen, feigen, schielenden Neigung der anderen, die sich ärmlich und ängstlich und sich selbst mißtrauend zwischen Gesetzen und Normen hinfristet.

In ewigen Sommertagen leben sie hin, in Festen, himmelanjauchzenden, herrlichen Gleichnissen, wie das Leben treibt und glüht, wie die Lebenssäfte mächtig durch die Adern der Welt brausen und der blöde Staub sich mit der tausendfältigen Pracht berückender Gebilde in die blaugebreiteten Unendlichkeiten faltet …

Weite, lichte Nacht. Warme, blühende, duftende Sommernacht mit der endlos gebreiteten Pracht der Gestirne.

Tausend Lieder irren unter dem hellen Mond aus Blütenwolken und Laubdämmerungen und …

Still! Still!

Eine Musik hör ich, nah und fern, in allen Nähen und Weiten, einen einzigen millionenstimmigen Akkord. Das ist das Lied der Kraft. Das ist die Kraft. Das bist du, das bin ich, das ist alles, alles, und die Kraft, die einzige, einige, eine. Und aus ihrem Wandel und Wechsel tönt es mit neuer, ungestümer Lebenslust, das alte, wildfreudige Zornwort: *Ça ira! Ça ira!* …

Und andere Weisen hör ich nun. Alte, uralte Lieder. Und doch neu, immer wieder neu und ewig neu.

Und alle das eine: Du, und das Lied von dir.

Und so ist sein Text:

Die Sonne und alle Gestirne: dein Blick. Strahlend, leuchtend, sehnend, hellachend, freundlich, klar, mild, schelmisch verhüllt. Und die Blumen: der Duft deines Körpers. Die ganze, weite Erde: das ist dein Leib. Und das goldige Lebenslicht über den Breiten ist die Wärme deines Leibes, und die milde Luft, weiches Moos und Gras sind seine schmeichelnde, süße Weichheit. Graswogen und alle die vielen, vielen, unendlichen Bewegungen: so gehst du, und so ist das Wogen und Wiegen deiner Glieder. Und wie es singt und flötet und zwitschert und jauchzt: das ist deine Stimme.

Überall, überall bist du und nur du, und nichts ist ohne dich und nichts außer dir. Alles ist dein Bild und dein Gleichnis.

Du bist das liebe Mädel, das mich neulich erfreute. Du bist heute blond, morgen schwarz, übermorgen braun, bist Mann und Weib, Kind und Tier, alles, alles …

Wie könnt ich deiner jemals überdrüssig werden? Immer und immer wechselst du und erfreust mit tausend wechselnden Gestalten mein liebes, veränderliches Herz.

Und du, du bist in Lust und Pein das drängende, treibende, nimmerrastende Leben hier hinter dieser dünnen Grenze meines Körpers, die nur ein neckender, spielender Schein ist zwischen mir und dir.

Das sind die Lieder, die alten, uralten, immer neuen Lieder, das eine, einzige, das Lied von dir …

Mein Kopf liegt an deiner Brust.

Und du, goldig, licht, jung, beugst dich über mich.

Mit deiner linden Hand träufelst du mir Heliotrop auf die Stirn. Ich atme den süßen Duft und deinen Atem, der süßer ist als er.

Mein Gesicht fühlt deinen Herzschlag, deinen ruhigen, ruhigen Herzschlag.

Und Auge in Auge, tiefer immer, versinkender.

Leise, leise hernieder zu mir, und leise, leise ich hinauf zu dir. Du lächelst, biegst den Kopf hintüber, und deine Hände drücken sich schwach gegen meine Brust mit schelmischem Drängen.

Und nun: Lippe an Lippe. Lange … Zwischen halbgeschlossenen Lidern dunkelt dein Blick. Und nichts ist als sein Glanz und eine süße Wärme von dir zu mir.

Frieden. Und aus ihm Kraft, Gedanken, Entschlüsse, lichter, immer lichter, kühner und kühner, und Erkenntnisse …

Ein Jubel ist in mir, ein ungeduldiger Jubel, der hinauf will, hinauf, bis in den siebenten Himmel hinauf! …

Was ich hier träume und denke und dichte, das ist nicht mein Verdienst und nicht meine Schuld. Das ist das goldige flammende Rund da oben, das sind die Blumen, die mich umblühen, die Vögel, die mich singend umschweben, Halme und Laub, die mich umrauschen, die Menschen nah und fern, du.

Alles, alles ist dein Verdienst, und wie ich mit dir eins bin, so ist es erst auch meins.

Sind wir denn getrennt: du und ich?

Nicht hier, nicht jetzt. Jetzt, hier sind wir geeint in einem einzigen, weiten, stillen Frieden. Hier sind wir Blume und Baum und Gras, heller Himmel und goldiges Kornwogen, Farben und Vogellied, hier blühst und singst und leuchtest du in mir und ich in dir. Hier bin ich frei …

Wir beide, wir kennen Augenblicke, Stunden: wunderliche Augenblicke! Wunderliche Stunden!

Was peinigen wir uns mit harten, höhnenden Worten? Was quälst du mich? Was quäl ich dich?

Lirum larum! Ich weiß jetzt eine große, tröstende Weisheit!

Lust ist Qual, und Qual ist Lust, und es gibt und kann in alle Ewigkeit hinein nur eins geben: Liebe, Liebe, Liebe, dreimalheilige Liebe, wechselnd in zwei Gegensätzen und doch einzig, einig und allein Liebe, Liebe, Liebe …

Wie sich deine Brauen über deinen Augen wölben, ihr Schnitt, ihre Schwingung, der feine, weiße Bogen unter dem dunklen Apfel, dieser Glanz in diesem Rund und diese schimmernden Lichter in das Weiß hinein, diese Nasenflügel und ihr feines Beben, die sanften, runden Linien dieses Gesichtes mit dem milden Spiel von Rot und Weiß, das Gleiten und Biegen dieser Körperformen: das alles, alles spricht von einem bestimmten Schicksal, und dieses Schicksal ist eine lebendige Seele und hat dieses Fleisch, diese Glieder und ihr Verhältnis zueinander geschaffen. Dieses Schicksal aber, diese Seele lieb ich, lieb ich in Mitleid, in Staunen, in versinkender, anbetender, hingegebener Bewunderung …

Ich simuliere, wie ich dir den Hof mache.

Eine putzige Welt hat der liebe Gott um uns hergerichtet mit artigem Getier und Menschenvolk, zu unsrer Verlustierung sonderbarlichen Treibens beflissen.

Sie fischen und gärtnern, graben, pflügen und bauen Beete und Felder, feilschen und beklatschen sich, bekalkulieren Witterung und Ernte, essen, trinken und schlafen, rechnen sich über heute und morgen hin, schustern und schneidern, zimmern und schmieden, zeugen sich fort und sterben, sind gesund und krank, hassen und lieben sich, und alles ist eine artige, lustige Komödie.

Und Wälder, Felder und Fluren, weitgedehntes Land mit lautem und stillem, mit tausendbuntem Getier: kriechend, hüpfend, springend, laufend, flatternd und schwirrend, mit Blumen und Gräsern, mit tausend bunten Farben und Bewegungen, mit Leuchten, Glitzern und Flinkern ist um uns hergerichtet, uns, uns zur Lust: von dieser Welt bau ich dir träumerische, ausgelassene, viele, viele bunte Lieder in freien Weisen, wie sie mir so durch den Kopf schießen.

Alles, alles, ganz sollst du mich haben; denn das alles war und ist mein liebes, gepeinigtes, lauschendes und schaffendes Herz mit Lust und Leid, Elend und Glück, Haß und Liebe: ein Spiel nun alles, ein närrisches, lustiges Spiel, denn du, du bist in der Welt und in mir beschlossen und eine einzige Wonne, ein einziges, unermeßliches Glück. Und mit diesem ist für alles gesorgt, jetzt und immer und ewig …

Heute morgen schlenderten wir beide durch die Felder, schaukelten unsere zusammengefügten Hände, sahen uns in die Augen, lachten und waren still, ganz still.

Da haben wir den Frühling gesehn.

Mitten auf dem staubigen Feldweg patschelte er uns entgegen in einem hellrosa Wölkchen.

Er war ein Mosjöh Dreikäsehoch, hatte einen ratzekahl geschorenen, schlohweiß schimmernden Flachskopf und zwischen zwei rotbraunen Posaunenbacken eine höchst naive Stuppsnase, aus der ein Paar perlenklare Talglichtlein sacht auf ein offen Schnäuzchen herniederrannen. Ohne viel Gêne trug er ein blauverschlissen Kittelchen auf seinem nudeldicken Wurstleibchen, vorn hoch, hinten tief, aus dem ein höchst schnuddliges Bein- und Armwerk hervorpendelte.

Seine Hoheit sahen uns mit ein paar großen, tiefblauen Vergißmeinnichtaugen durch und durch und brömselten so viel Unsinn vor sich hin, daß uns ganz wirblicht wurde.

Er ließ sich von dir die Nase putzen, geruhte von mir einen Nickel anzunehmen, und gesegneten Herzens schlenderten wir weiter, weit, weit in die sonnige Klarheit hinein, aus der er gekommen war …

Anders aber sah ich ihn ein andermal.

Das war vor mancher Woche.

Einsam saß ich in meinem einsamen Zimmer mitten in der großen, großen Stadt.

Die Sterne flammen auf im tiefen Blau, hoch oben über den Dächern, zwischen den milchweißen jagenden Windwolken, den Frühlingswolken, und die roten Abendlichter verglühen still an den langen, langen, dunkelnden Mauern.

Draußen aus der Stille lösen sich Stimmen, und der Wind fängt an mit frischen Stößen das Fenster zu streifen und singt im Rauchfang sein altes Lied.

Es wächst und wächst, und immer voller, immer stärker das frische, fröhliche Brausen.

Wunderlich geht es vom Fenster zur Tür durch das Zimmer mit einem feuchtwarmen Zug.

Und ich schnaufe den Frühling ein, seinen gesunden Odem. Und ich wittre einen Duft wie von Rosenblättern, getragen von den unsichtbaren Fluten. Frisches, taufeuchtes Wiesengras spür ich und den Geruch frischgepflügter brauner Felder, die im sonnigen, lerchenschmetternden Frühnebel dampfen. Und ich höre die freudige Sprache der werdenden Welt, der erwachenden, jungen Kreaturen.

Meine Sinne fahren auf und hin, getragen von dem Brausen, eins, ebbend und flutend mit seinem herrlichen Rhythmus: jetzt aufhorchend, jetzt still in traumhafter Versonnenheit und in neuer, immer neuer Gewißheit auf, in die Höhe; und es packt und durchschüttelt mich in freudetollen Phantasien von der Zukunft.

Und nun bin ich draußen in der äußersten Vorstadt.

Weit dehnt sich das Land hinaus im nächtigen, witternden Zwielicht. Hier ein Netz von baumbepflanzten Wegen, im flachen Land sich verlierend. Bald werden sie Straßen sein, wie die da drin, und die Häuser da und dort, vereinzelt und in Gruppen über das Freie hin verstreut, werden zusammenwachsen zu Stadtvierteln bis hinaus zu den fernen Vororten.

Weite Landstraßen ziehen sich hinaus, und von allen Seiten, durcheinander, aneinanderhin, schnaubende, donnernde, rollende Züge, herein und hinaus in das nächtige Land wie riesige feurige Raupen.

Und nun zackt es sich weit hinter mir mit Dachzinnen und Türmen und ragenden Schornsteinen und verrinnt breit, endlos in trüben roten Dunst, und starrt müde mit seinen tausend und abertausend Fenstern in das freie Land hinein.

Und der Sturm wächst und braust und knattert und pfeift mit den hundert lustigen Stimmen seines wilden Akkordes heran über die brachen schwarzen Schollen, durch Gestrüpp und Geäst, und hinein in die langen, lichtflackernden Straßenzeilen, und all das Lebensblut da drin wallt auf in frischen Gluten, und lebendiger regen sich Millionen Kräfte gegen und durcheinander.

Aus weitem fernen Süden strömen die durchglühten Lüfte her, seitwärts gebogen vom kreisenden Umlauf der Erde, und in ihrem jubelnden Getöse ist es lebendig von Millionen Stimmen und Wundern.

Über der unendlichen Öde der Wüste haben sie geglüht, von reineren Sonnen und Monden durchbebt, über ragenden Palmen und fernen, fremden Gebreiten, über mächtigen Meeren und Strömen und Seen, über der wilden grünen Nacht der Urwälder, durchhallt vom Gekreisch und Gebrüll fremdartiger Tiere, und durchglüht von ungeahnter, leuchtender Pracht, und ein üppig wucherndes Leben haben sie gezeugt.

Und nun tragen sie's herüber mit ihren wildfreudigen Strömen und wirbeln es zu uns her über weite, bäumende Meere, über herrliche Breiten wärmerer Sonnen, über ewig eisige Höhen, ihrer winterlichen Starrheit trotzend, und wirbeln es her mit den fröhlichen Scharen der Vögel und lebendigen Keimen.

Und der Tumult der ewig lebendigen Kräfte wogt herab aus den Höhen in unbegreiflichen Schwingungen und bebt in uns hinein.

Sie zittern hinein in schwarze, ruhende Tiefen, und es beginnt ein Hin und Wieder und Ineinander, und bebt und treibt dunkel unter süßem Zwange, und aus Beben und Treiben und unerforschlichen Mischungen der Elemente werden Keime, und die schwarze, träumende Ruhe ringt sich dem Licht entgegen, dem Licht …

So spürt ich damals den Frühling.

Sturmlieder brauste er hinein in die langen, flackernden, öden Vorstadtstraßen, wilde, rüttelnde Sturmlieder, und wenn ich recht hörte, hatten sie einen sehr polizeiwidrigen Text …

Bah! – Hier lieg ich und strecke mich, ein Tunichtgut und Simulant schlimmster Sorte.

Sämtlicher Laster und Tugenden bin ich teilhaftig. Ich habe mit Christus, dem Herrn, die Leidensnacht in Gethsemane durchlitten, und mit Buddha das innerste Wesen der Welt erkannt. Ich bin geschlechtlos, bin Mann und Weib. Schuldlos bin ich und naiv wie das reinste Kind und erfahren wie der blasierteste Roué! Ich bin Kaiser und Held und der niedrigste Sklave. Der gewandteste, gefährlichste und der blödeste, einfältigste Liebhaber, bin und habe, was ich will.

Jetzt aber bin ich eine große, schöne Blume. Bin Fühlen, ganz, ganz dämmerndes Fühlen. Ich wurzele in einer süßen, feuchten Kühle, und dehne mich sacht in ein laues, fächelndes Schweigen hinein, spreize mich, ringend und nachgebend, mit hundert Formen in sanften, neckischen Widerstand hinein, etwas Heißem, Lichtem sehnend entgegen. Zu oberst leuchte ich vor Jubel, und meine Lust wird eine köstliche Süße. Es schwirrt zu mir her mit bunten, durchsichtigen Flügeln, und ich erschaure in den Wonnen einer leisen, leisen, sanften Berührung …

Traum bin ich, Traum, ganz Traum und süßes, süßes Verdämmern, Schlummern, Entschlafen …

Staunendes, erschrecktes Erwachen.

Lange Schatten und müde Lichter. Treiben und wellen mit verglühendem Gekräusel über die Wasser herüber und verblinken in stumpfes Blaugrau.

Goldig versinkende Glut über breitgedehntem, schwarzem Baumgekrissel.

Hoch, hoch drüber aus zartem, zartem Grün ein Sternchen.

Noch eins; noch eins. Viele.

Breite Schatten wogen vom Osten her über die Welt mit den Geheimnissen heimlicher Laute und Gestalten.

Drüben sinken die müden Gluten, sinken und sinken …

Kühle Schauer vom Wasser her durch leises Geflüster, singendes Plätschern und Murmeln.

Langsam, langsam schiebt sich die Silhouette eines Kahns durch silberspiegelnde Glätte, langsam, langsam den Nebelfernen zu.

Tiefe, tiefe Einsamkeit, Friede, Grauen: meiner Seele zu süß, viel zu süß …

Rote, warme Lichtlein glimmen fern in niedriger Enge zwischen breit geballten, schwarzen Wipfeln.

Und unter weitentfachter, goldiger Pracht wandre ich mit eiligen Füßen durch weiße Nebel den Lichterchen zu, den armen, glimmenden, heimlichen Lichterchen.

Zu dir, *ma Dame*! Zu dir! …

Zwielicht

An den himmelhohen Mauern nieder, durch das Fenster, zwischen den Gardinen das erste Morgenlicht.

Leise – grau – tot.

Nur hoch oben das arme bißchen Himmel und die drei Sterne.

Und ich liege und brüte und würge an meinem blöden Leid.

Dich will ich! Dich! …

Und mein Wille und meine große Pein schreit in mir: Dich will ich! Dich! Dich!

Nichts ist in der müden Welt als das Grauen und der Zweifel.

Und du und ich. Du und ich und unsre Sehnsucht.

Und unsre Sehnsucht will neuen Anfang. Unsre Sehnsucht, die nie sterben kann! Nie! –

Wo bist du?! Wie halt ich dich?!

Ich schreie nach dir durch eine einsame, einsame Nacht!

Meine Sehnsucht wird Angst, und meine Angst wird Grimm.

Gib dich mir!!

Du mußt dich mir geben!! Mußt!!

Wo bist du?!

Überall, überall bist du, und überall flirrt meine Sehnsucht an dir hin.

Mit hundert dummen Masken hast du mich den Tag über geäfft.

Warum?

Du warst die Kinder, die am Brunnen Ringelreihen spielten. Und wie sie sangen und jauchzten, ganz junger, seliger, helläugiger Wahn, da, einen Augenblick, hielt ich dich!

Aber hinter hundert törichten Masken verlor ich dich wieder.

Alt, runzlig, gebückt, niedergezwängt von stummen Qualen wanktest du an mir vorüber, verkrüppelt, häßlich, schmutzig. Du sahst mich an mit schielendem, ausweichendem Blick, mit feigem Haß. Stumpf, im Fron von tausend täglichen Hantierungen, in tausend Gestalten sah ich dich keuchen und gegen deine Sehnsucht ringen. Du schaltest, logst, stahlst, beschimpftest. Du verleumdetest, betrogst, weintest, lachtest, sangst und warst guter Dinge: und immer wolltest du dich um deine Sehnsucht betrügen. Deine Stimme war grell und roh, deine Gebärden rauh und widerwärtig, rauh deine Sprache. Und wieder sanft und mild und weich, und schwoll in köstlicher Fülle von deiner sehnenden Angst.

Hinter tausend dummen, törichten Masken wolltest du dich vor mir verbergen.

Warum?

Meinen Augen bleibst du nicht verborgen.

Tief und scharf sehen sie in dich hinein und sehen deine suchende hastende Angst und deinen Willen, der doch weiß, der ja doch weiß …

Ach, warum sind wir so feig, du und ich?

Warum bin ich so feig?

Nächtig ist es überall und überall nur tausend irrende, grausige Fragen.

Ach, ich kenne unsre Erlösung!

Denn ich sehe ein Licht, ein fernes Licht, und höre einen Ton, von fern einen feinen, süßen Ton.

Irgendwo seh ich ein Licht, irgendwo hör ich einen Ton, und irgendwo grollt ein Wille.

O, ich kenne unsre Erlösung!

Hier glimmt das Licht! In mir! In dir!

Wenn wir wollen, hellt es alle Nächte und gebiert Millionen freudiger Farben und Formen.

Hier lebt der Ton! In mir! In dir!

Wenn wir wollen, so jauchzt er ungeahnte, nie gehörte Melodien.

Hier grollt der Wille! In mir! In dir!

Und er ist die morgenfrische Kraft neuer, junger, knospender Sinne.

In uns drängt das unermeßliche Glück einer Offenbarung.

Wann soll es hervorbrechen?

Wann lacht es unsre Feigheit zu Tode?

Weichst du mir aus? Weichst – du – mir – aus?!!

Wohin?

Komm! Komm mit!

Weit, weit durch die Nacht! Hinauf zu den Höhen!

Den Höhen! –

Ach, Hohn! Hohn! …

Oben, hoch oben im weiten Zwielicht.

Hoch oben über den brausenden Wäldern, in der einsamen, schaurigen Frühe.

Hoch über den weißen, toten Nebeln, zwischen dem schwarzen, donnernden Grauen der Tiefen und den kalten, blassen Weiten.

Durch die frühlichtwitternde Öde geht ein Sausen, eintönig ein weites, weites Sausen dumpf über Höhen und durch Schlünde.

Mein Gehör spannt sich ihm nach in alle Fernen hinein, und meine Augen starren in weiter Angst und doch mit mutiger, wollender, zorniger Lust.

Mitten hinein in diesen furchtbaren Einklang.

Das ist die »Harmonie der Sphären«.

Die Harmonie! …

Komm!

Dort oben die Himmel mit dem Wirrsal ihrer Weltenringe.

Ich fühle das eisige, tiefschwarze Grausen der endlosen Räume.

Ich sehe all die gelben Welten und höre den gräßlichen Tumult ihres Umlaufs. Jahre, Jahrzehnte, Jahrtausende und Jahrmillionen, in die Unendlichkeiten hinein, das gleiche und ewiggleiche kalte, blöde Sausen ihrer Bahnen.

Feuer, Wasser und Elemente, werdender Weltenstoff in den unerhörten Empörungen seiner zahllosen Bildungen. Wogen als weltenweite Nebel, dichten sich und lösen sich wieder und härten sich zu Welten, zeugen, gebären und verschlingen sich wieder, rasen ewig zwischen Werden und Untergang.

Wozu?

Dieses Glitzerpünktchen zu erzeugen, das das erste Licht hier auf dem grauen Gestein weckt? Oder wozu? …

Und hier, hier unten: immer der gleiche, tote Wechsel von Tag und Nacht, mit demselben Tumult tauber Farben, Formen und Töne? Und …

Ach, alte Leier!

Soll ich dich wieder und wieder und noch einmal herunterleiern?

Dummes Rätsel! Dumme Zweifel!

Wissen wir nicht unser Glück?

Wissen wir nicht?

O, ich denke, ich sitze da oben unter meinem Buchenstamm, und du bist bei mir. Und du bist in mir eine gelassene Ruhe.

Und du, meine Ruhe, mein Frieden, du: leise, leise machst du die taube Welt lebendig, und mit innerlichstem Jubel seh ich, wie das Licht wird.

Hell, hell wird es in mir von dem lieben Getön eines erwachten Vogelliedes.

Durch die grünen Gründe flötet es herauf und jubelt in der Gewißheit des nahenden Tages.

Ich schlafe, schlafe nun mit weitoffenen Augen, und schlafend seh ich mit weitoffenen, lachenden Augen die große Einheit, die alles ist, die wir sind, du und ich …

Hinauf seh ich in die Höhe, hinein in die Breite, hinab in die Tiefe und sehe in mich hinein, wo das dreifach gedehnte einig ist, jetzt einig in einer friedevollen Einheit.

Und aus Schatten und Lichtahnungen werden Gedanken in mir und Lieder, laute, fröhliche, ausgelassene, stille, friedevolle Schlummerlieder.

Die sind nun meine Arme, meine weiten, riesenstarken Arme.

Mit denen will ich dich jetzt umfassen, und will dich an mein nun übermütiges, sonnenhelles Herz pressen. Mit denen heb ich dich hinaus über den tausendgestaltigen Zwiespalt unsrer Unrast, trotzig hinaus, hoch, hoch hinauf in einen goldigen, stillen Frieden, dich …

Hier sitzen wir, du und ich, in Liebe eins, und spielen, und geben dem Getümmel der Welten einen Sinn, der uns genehm ist und der untrüglichste, fröhlichste, ausgelassenste Wahrheit ist.

Aller Welten und allen Lebens Sinn ist er, dieser kleine dumme Sinn, den unsre spielende Liebeskraft ihm gibt, und mutig drängt er sich gegen das große, schaurige Rätsel, und so muß es uns Frieden lassen, dir und mir …

So aber lacht unser Übermut und fabuliert:

Mit sehnenden und immer sehnenderen Bahnen kreisen die Welten, jede um einen Ursprung uranfänglicher Seligkeit, und alle um einen, im ewigen Spiel ewigen Suchens, Findens und Verlierens.

Der blasse Mond, das stille, verlöschende Lichtwölkchen dort über den westlichen Wäldern, kreist um die mütterliche Erde in der Sehnsucht seiner Elemente nach aufflammender Vereinigung, und sie ist ihm unverweigerlich verbürgt nach unverbrüchlichen, mystischen Gesetzen.

Und die Erde um das liebe, gleißende Rund dort oben in der Sehnsucht ihrer Elemente nach aufflammender Vereinigung, und sie ist ihr verbürgt, unweigerlich, nach den gleichen mystischen Gesetzen.

Der sehnende Zwang der Elemente aber dichtet sich in unergründlichen Mischungen, gestaltet sich und wird lebendig und seines seligunseligen Geschickes sich bewußt in den unzähligen Generationen ungezählter Lebewesen.

In Milliarden von Kristallen formt sich ihre Sehnsucht und Seligkeit, in Kampf und Widerspiel, verfeinert sich aus dem Nichtorganischen zur ersten dumpfen Lebensregung des Urschleims, wird Pflanze und Tier, wie die Zeitalter sich vollenden und das selige Ziel sich nähert.

Und das Tier wurde im Kreislauf der Entfaltungen erlöst zur Klarheit über sich selbst hinaus im Menschen. Und wie die Jahrtausende sich runden, werden die Elemente im Menschen durch unzählige Zeugungen hindurch zu herrlichen Erlösern, mischten und dichteten sie sich zu Konfuzius und Zarathustra, zu Buddha und Christus, und alle, alle verkünden den einen Trost vom lachenden Ende, das unsterblicher Anfang ist.

Und enger und sehnender treiben und ziehen sich die Weltenbahnen gegen ihren Ursprung hin.

Neue Unruhe neuen Werdens und Erkennens.

Feiner mischen sich die Elemente, und der letzten, hastenden Unrast des Erstarrenden entblühen neue, wissendere Geschlechter.

Sinn und Trost letzter, wilden Leiden, gieriger Genußwut, dumpfer, gellender Verzweiflung tod- und friedereifer Geschlechter und Erkenntnisse ist ein neuer Held und Heiland.

Und der wird schön sein und fein wie ein hellenischer Gott, mit weiten Sonnenaugen. Sein mächtiges Gehirn wird alle Weisheit Buddhas umspannen. Klug ist er und beweglich, ohne Falsch, gut, mild, edel, sich selbst eine Lust, ganz freudige, selbstsichre Kraft. Alle Weisheit wird in ihm zur heitren, spielenden Torheit eines Kindes geworden sein. Und er wird der Kaiser sein, der Kaiser einer goldigen, verjüngten Zeit …

Verstehst du mich? Dies große Lied und diese große Geschichte?

Unser kleines Lied und unsre kleine Geschichte ist das. Die lachende, lustige Geschichte von zwei Leuten, die sich lieb haben, von dir und mir. Und wir singen sie uns jetzt zu unsrem Spaß so, und wenn wir wollen, werden wir sie morgen mit einem andern Text singen …

Ich denke, ich liege nun an deiner Brust und schlummre und bin einen süßen Tod gestorben.

Mein Blut ist nun das morgenfreudige Tosen deiner Wälder. Weitgedehnte, hohe, blaue Berge in hundertfacher, freundlich wellender Bildung, tiefe, breite, grüne Täler, blitzende Flüsse und trommelnde, donnernde Wildwasser: das alles bin ich in dir.

Meine Gedanken sind sanfte, blinkende Tautropfen, kleine liebe, rote Blumen und unermeßliche Himmelsfernen, die entflammen in goldblauem Glanz, dunkle Wettertannen und zirpende, flötende Vogellieder, jähes Gestein mit gleißenden Rissen, umgoldet von den erwachten Lichtern der Frühe.

Mich, mich selbst seh ich mit trunkenen Augen. Klar bin ich meiner selbst mir bewußt, und mystisch verhüllt ahn ich mich mit erschauernder Sehnsucht in meiner Unendlichkeit, in dir, als du …

Höher und höher hebt sich die Sonne über die blauen Wälder und wärmt und lacht und wärmt und zeugt.

Denn jetzt ist die urbestimmte Mischung der Elemente da, die, gewärmt und befruchtet von dieser Sonnensphäre, den übermenschlichen Heiland zeugen und gebären.

Tiefes, tiefstes Geheimnis!

Und doch, wie meine Hand hier auf der grauen Stammborke liegt, spür ich es mit verstehenden, wissenden Schauern.

Und ich fühle, fühle, wie es unzählige Rinnen und Röhrchen und Poren öffnet, in Sehnsucht, in Sehnsucht der lieben Wärme entgegen, wie es gibt und aufnimmt in wonnigen Spannungen und Entladungen.

Und in mir hab ich jetzt den Trost einer unerhörten Selbstschätzung.

Meine Poren saugen die himmlische Glut ein, und wie sie durch mein Blut schauert, weiht sie jetzt mich, mich zu dem Helden, der da ist und kommen soll.

Siegfried bin ich und schlage einen mächtigen alten Lindwurm tot.

Vor mir, in mir krümmt und schlingt und windet er sich mit tausend klammernden Schwänzen und klaffenden Rachen, gebannt, gebannt von meinen lachenden Blicken.

Und wie er sich auch feige windet mit unzähligen schlauen Listen, mir beizukommen: mir bleiben sie nicht verborgen.

Da oben das liebe Licht durchbebt mich mit einem innerlichsten, frohen Gelächter: und dieses Gelächter ist mein Schwert. Mit dem schlag ich ihn tot, den alten müden, verzweifelten Lügner.

Schon blinzeln seine hundert Äugelchen, und immer müder werden seine Kreise, und seine böse Kraft dämmert hinüber in den seligen Frieden der Einheit, der auch ihm bestimmt ist.

Mit tausend Klammern umpreßt er das arme, junge Leben, und die nennen sich ehrbar Gesetze, Institutionen, heilige Vermächtnisse, Staat, Kirche, Sitte, Ehre, Moral, Gott.

Schlau trennt er die Natur, die ewig ungeteilte, in Geist und Fleisch. Sünde nennt er die Liebe und Teufel das Weib.

Tausend schnörklige Phrasen pfaucht und dunstet er mir ins Gesicht, bläst mir tausend verzwickte Neunmalklugheiten ins Ohr und hackt nach mir mit seiner gefährlichsten Tatze, die Gewissen heißt und Pietät.

Aber ich lache und lache nur, und vor meinem Lachen vergeht er in einen dummen, blöden Dunst, vor meinem unwissenden Lachen.

Und ich sehe in ein fernes Tal.

Da lacht im weiten Sonnenglanz ein schönes Wunderland.

Noch verhüllt, leise verhüllt.

Das ist das verlorene, wiedergewonnene Paradies.

Da gehen Hand in Hand Adam und Eva im gütigen Sonnenlicht an breiten klaren Wassern über smaragdene Wiesen.

Da gehen Hand in Hand wir beide, du und ich, im gütigen Sonnenlicht an breiten klaren Wassern über smaragdene Wiesen.

An den stillen Wassern gehen wir hin durch den Garten. Und wir sehen alles Getier, das in den Lüften lebt und im Wasser und auf der grünen Erde, und nennen es mit neuen Namen. Und wir sehen die Menschen, und über sie erlöst nennen wir sie mit neuen Namen und haben an ihnen unser staunendes Ergötzen. Wir sehen Bäume, Sträucher, Kräuter und Blumen und nennen sie mit neuen Namen. Und Lüfte, Winde, Wasser, Sonne, Mond und Sterne nennen wir mit neuen Namen. Denn alles, alles ist nun anders geworden und neu, und du und ich, wir sind zwei dumme Kinder, die spielen und staunen, und gaffen und lernen …

Du?!

Hörst du mich durch alle deine Masken, deine törichten Masken?

Das ist das Lied unserer Sehnsucht und unserer Ahnung.

Trüb noch, trübe und zag.

Aber ich weiß und will noch ein andres. Das ist das letzte und höchste. Das kümmert sich nicht um Himmel und Rätsel. Das ist das Lied von den Nähen, das Lied von den enthüllten Nähen.

Wann wird seine Zeit gekommen sein?

Wann werden wir wollen?

Leise, leise kommt der Tag und mit ihm die Feigheit und die Angst und – der Zorn! –

Das Lied

Unter den Sternen hin, hinter den dunklen Bäumen, ziehen Leute und singen ein Lied.

Ich lausche – mitleidig – schadenfroh – versonnen.

Denn in diesem Lied, in diesem schlichten Lied, ist ein Gift und eine heimlich fressende Flamme und die Schönheit einer fernen, fernen Heimat …

Das wissen sie nicht in ihrer dunklen Fröhlichkeit; aber ich weiß es …

Denn tief in mir zehrt dieses Gift und frißt diese Flamme und will hervor und leuchten. Und tief in mir ist ein Kreisen und Werden. – Wessen?

Ach Not, Not halbbewußter Fülle, endlos süße Not!

Ich lausche und sitze und warte, ahne; und meine Augen weiten sich einem köstlichen Gesicht entgegen, das naht und naht, von fern, ganz von fern …

Denn noch gleitet um mich und in mir und wechselt, unbändig und ungebändigt, ein ewiger, trüber Wechsel des Einzigen.

Not, ewige Not! – Kommt das Ende? – Und welches?? …

An den Sternen hin ziehen die weißen Wolken, und die Winde rauschen; raunen mit lieben, heimlichen Stimmen und kräuseln glitzerndes Laubwerk, schaukeln schwankes Geäst, gleiten mit blinkenden Schauern über die breiten Wasser. Und das Licht durch Nebel und zarten Dunst, durch millionenfältigen Widerstand plumpen Stoffes, nieder durch klare Höhen. – Das Licht – das Lied …

Reimverbunden vier arme Verse und eine simple Weise; ungefüge Stimmen in rauher, unbewußter Andacht.

Aber es ist nichts in allen Nähen und Weiten, nichts, nichts als dieses Lied und eine heimatliche Welt, die nun offenbar wird, und alle die zahllosen Seelen und eine einzige, unendliche Seele.

Nun sind die Höhen und Tiefen und Breiten ein Spiel, und Minuten, Stunden, Tage, Jahre und Jahrtausende ein schelmischer Trug.

Und nur die offenbaren Seelen und im zeitlosen Selbstfrieden die eine, offenbare Seele.

Ich sehe das bunte Spiel der vielen, das die ewige Ruhe der einen ist. Und in mir leben die Schauer der Wiedergeburt ewiger Religion und ewiger Vereinigung.

Dieses zitternde Pappellaub, hoch, schlank, dunkel in das weiße Licht hinein, dieser schimmernde Birkenstamm, traulich geducktes Buschwerk, diese gleitenden Wellen, diese Hand, die ich gespreizt gegen das Licht halte, mit dem Geflecht ihrer Adern, mit ihren wunderlichen Linien, mit Sehnen, Muskeln und Knochen: alles, alles ist das ewige Spiel ihrer Kraft und ihr neckisches Versteck, hinter dem sie sich selbst sucht und jubelnd sich findet und immer, immer wieder findet.

So müde bin ich, so ahnend müde.

Will eine Schranke fallen? – Willst du mich finden? Will ich mich finden?

Und ein neues Spiel, und immer ein neues und ein schöneres, lustigeres immer?

Fern das Lied – verklingend mit sehnendem Jubel das Lied …

Das Lied …

Und alles wieder still und rauschende Ruhe. Ich fühle, wie jede Fiber in mir zuckt und sich spannt.

Das Ende? Und welches?

Welches auch immer: keins und nie und nimmer ein Ende. Eine Schranke, die fällt; ein Dunst, der verweht; ein jubelndes, lachendes Hervortauchen. – Wohin?

Weit, unendlich weit ist die Welt, und doch immer und überall einzig du, ich …

Was wär ich, wär ich diese wilde, rastlose Lust und dieser unermeßliche Jammer? – Was wär ich, wär ich dieses hinfällige Gestell von Knochen, Fleisch, Muskeln, Sehnen und Nerven und nicht dieses ahnende Sehnen?

Wild ras' ich durch meine Erdenzeiten, durch Mord, Not, Blut, durch zahllose Greuel, durch diese und gegen diese meine fieberwache Endlichkeit.

Betrüge, lüge, morde, hasse; stürze mich in zorniger Verzweiflung in den Wahnsinn tausendfältiger Wollust; rase in meiner Finsternis und strecke mich gierig nach Erkenntnis durch meine Räume und Zeiten; verschlinge und gebäre meine tausend und abertausend schwankenden, entgleitenden, ewig wechselnden Täuschungen von sausenden Welten und ewig unbefriedigten Erkenntnissen; taumele durch die hastenden Zeitläufte meiner Vergänglichkeiten ewig von Jubel zu Verzweiflung, von Verzweiflung zu Jubel; bin blühende und welkende Völker und Reiche; krieche hin in dumpfer Befriedigung und klammere mich an karge, blöde Freuden; verschanze mich hinter Gesetzen, feige und weise gegen mich selbst; betrüge mich selbst und bin der Blödheit meiner engen Sinne ein zerfallender, faulender Haufe Schmutz und ein kleines jämmerliches Ende.

Was wär ich, erkargte sich mein sehnendes Ahnen nicht zwischen tauber Lust und taubem Leid ein paar stille Friedensblumen und wäre nicht der Preis und Sieg aller meiner Verzweiflung und meines heißen rasenden Ringens gegen mich selbst das Wissen von meinem wohlverbürgten Frieden und immer und immer wieder sein endlicher Besitz?

Gelassen seh ich jetzt das grausigste aller Rätsel und beantworte seine dunkle Frage. In unendlichen gelben Wüsten steh ich der uralten bösen Riesenfratze gegenüber und sehe lachend in ihre toten, starren Augen.

Und hier ist all meine Nichtigkeit, mein Stolz und meine hohe Würde:

Ich, ich selbst bin ihr großes, starres Schweigen. Ich selbst bin zu tiefst in mir eine große, weite, schweigende Ruhe, ein dunkel schlummerndes Können und Wissen und doch eine ewig bewegte, milliardenfältige Unrast. Dies beides und doch das eine, einzige: eine große, weite, schweigende Ruhe.

Meine Unrast aber und meine Verzweiflung schreit tausend trübe Fragen in mich selbst hinein, wieder und wieder, ihrer selbst gewiß zu werden und ihres endlosen Wandels, und sich zu finden, immer von neuem, in einer stillen, gefriedeten Einheit.

Meine Unrast aber seid ihr. Meine Unrast bin ich als das ewig und unendlich Vielfältige: als Elemente, Sonnen, Pflanzen, Tiere, Menschen und alle Wesen und Seelen: dies alles und seine unermeßlich zahllosen Einzelheiten und ihre unermeßlich zahllosen Schicksale.

Das alles schreit in mich hinein, findet Antwort und keine, findet ewig Antwort und als seligste Antwort ewig schweigende Ruhe.

Denn aus dem dunklen Urgrund meiner Ruhe und Nichtigkeit tönt ewig und ewig als Antwort auf die wilde Sehnsucht ewiger Frage ihr ewig gleicher Widerhall und nichts, nichts als ihr Widerhall.

Denn dann, wenn je und je am wildesten die alte Frage gellt und an dem uralten, mystischen Geheimnis rüttelt, dann – Frage und Antwort zugleich – tönt sie zurück aus den dunklen Weltenfernen ewigen Lichtes und ewiger Gewißheit, und einer wird geboren, der ihr Mund ist: einer, der ist der ewig Wiedergeborene, der Stille, unter dem ewigen Mysterium Duldende, in dem Endliches und Unendliches offenbar wird als das eine, das ewig liebend sich selbst umschließt.

Wo aber in aller Welt je und je er hineingeboren wird in die Endlichkeit, da erhebt sich ein neuer Tag und eine neue Zuversicht. Da jubelt die Freude, da lächelt der Friede, und da rüstet sich ein neuer, junger, todesmutiger Wille und hat eine neue Bahn und ein neues Ziel endloser Betätigung.

Das ist all meine Nichtigkeit, mein Stolz und meine hohe Würde. Denn wenn ich ein Wort vom Frieden weiß, so ist es nichts als eures Unfriedens Widerhall und die irre Frage eurer Verzweiflung. Die tön ich zurück, zu meinem Teil, in ewig stiller Gelassenheit; einer, der treu, schlicht, hingegeben hört, aufnimmt, zusammenfaßt, und der wiedergibt: treu, schlicht, hingegeben.

Das ist mein schauriges und unsagbar seliges Los! Nichts, nichts bin ich, nichts und alles.

Ihr seid ich, ihr! Und ich bin ihr! Du bist ich, ich bin du; und du und einzig du bist meine ganze Würde und meine ganze Nichtigkeit. Das ist die ewige, lachende Erkenntnis und ewig die Morgenröte eines neuen Tages …

Zwischen mir aber und ihr dunkelt eine Nacht.

Schon bin ich hineingetaucht in ihr weites Grauen. In das Grauen zwischen Anfang und Ende. Sie ist der heimliche Tod, der mich verzehrt.

Sie kommt mit den kühlen Schauern einer schweren Müdigkeit. Sie ist die Feigheit, die bang und zaudernd am Überwundenen hängt. Liebe und Haß, die mich verfolgen, und hundert Gewohnheiten und tote Begriffe, die doch noch leben wollen, und hetzende Zweifel alter Begrenztheit. Und sie ist ein letzter, noch nicht ausgefochtener Kampf und das krasse Gesicht einer alten Lüge, die ewig und ewig wieder mich, den ewig Lebendigen, erschauern macht. Sie ist die grausige Starre eines Kadavers und seine dumpfe, gärende Fäulnis. Sie ist der wild verwirrte, trübe Tumult neuer, geahnter Welten, meiner Feigheit zu weit und zu herrlich, viel zu weit und viel zu herrlich.

Mein Tod ist diese Nacht, mein langes Sterben, der dunkle, trübe Wandel zweier Tage, zweier Tage …

In diese Nacht und in diesen Kampf tauch ich hinein. Mit fröhlichem, wissendem Mute und mit einer stolzen, kräftigen Seele. Die ist ein Held geistiger Kämpfe, gewaltiger als alle Leibesgewaltigen der Vorzeit.

Langer, langer Weg! Dunkler Kampf! – Und sein Ziel? – Ach, Ohnmacht meines armen Wortes! – sein Ziel ist ein ungeheures Meer des Schweigens!

Da werd ich endlich hineinschwinden, ich und der Kreislauf aller Seelen und Sonnen und alle Unrast.

Ich und alle meine Unrast: Seelen und Sonnen: ich bin dieses Schweigen, und einst werd ich mich ganz als solches erfassen und in mir selbst ruhen.

Das ist mein ewiges Ende und mein ewiger Anfang …

Wenn die Sterne strahlen, wenn die Lüfte raunen und die letzten, stillen Farben spielen: jetzt …

Jetzt – o Qual der Qualen! – jetzt kenn ich meinen langen Weg, und meiner Blindheit dämmert rosig ein Ziel …

Schönheit

Sonne! Sonne!
In mir treibt die köstliche Unruhe deiner Kraft!
In mir dein Lachen,in mir ein heimliches Lachen!
Befreit lachen nun in mir alle Menschen,
lacht in mir die ganze Welt!
Ein einziges goldiges Friedensgelächter lacht mein Herz in alle Fernen hinein!

Alle, alle kommen sie zu einem großen Mahl,
mit tausend bunten, wichtigen Meinungen:
Gute und Böse,
Zweifler und Fromme,
stolz und demütig,
wissend und einfältig,
vornehm und gering,
Ausschweifende, Diebe, Mörder –
Alle, alle kommen siemit fragenden sehnenden ängstlichen Augen,
denn sie glauben,
daß sie häßlich und sündhaft seien.

Aber wie sie kommen,
in breiten Scharen,
mit unzähligen dunklen Geheimnissen,mit Gebresten,
Lastern, Schwächen, Einbildungen und Lächerlichkeiten –
ein einzigesunauslöschliches Gelächter ist es,
das sie empfängt,das sie vermehren.
In diesem Gelächter aberlebt der bitterste Grimmund das fruchtbarste Mitleid ...

Nun röten sich Gesichter,
glätten sich Falten und Runzeln,
verschwinden Geschwüre,
ergänzen sich Glieder,
hellen sich trübe, blöde Augen,
runden sich magre Leiberund verjüngen sich ungeschlachte.
Und alle sind nun eine einzigeselige junge Göttergemeinde.

Jetzt!In mir!

O Wunder! Dummes, fröhliches, freches Frühlingswunder!

Am Graben

Hier, zwischen Schaumkraut und Vergißmeinnicht wollen wir ruhen, im schönen, weichen Gras, am Graben, wo die Kätzchen schaukeln.

Sieh, zwischen den gelben Lilien, zwischen Kuhblumen und weißen Sternchen, im goldigen Gezitter unser Bild.

Da: deine Augen!

So lachend, so jung! So dunkel! …

Und dein Lachen, durch die weite, selige, strahlende Stille dein helles Lachen.

Näher, und Wange an Wange.

Der Wind, leise, leise in den Binsen, und der kühle Wasserduft herauf.

Wir träumen …

Sieh, hier lang am Ufer hin! Wie es aufquillt vom braunen Grund in traubigen Gebilden.

Der jungen goldigen Wärme entgegen.

Es will reifen, will sich gestalten.

Sieh, in weicher rauchiger Masse der dunkle Kern.

Uranfang. Ruhe. Vollendung …

Nein! In der engen, runden, winzigen Wand, millionenfältig du und ich, und immer du und ich, unser Widerstreit und unsre Vereinigungen, unser unendliches Spiel … Windet, krümmt, stülpt sich, wogt im endlosen Wechsel, in der süßen Qual ewigen Wandels; ungeformt und dennoch in unbegreiflichen Gestaltungen, viel zu wunderbar unserem plumpen Begreifen!

Zu wunderbar! Wir uns selbst! Du mir! Ich dir! …

Du siehst mich an.

Sieh mich an!

Banne mich mit deinen lieben, bösen Augen!

Nun halt ich dich, und Mund an Mund …

Die Welt um uns mit Nähen und Fernen und ihren Millionen Formen ein Wirbel, ein dummer, dummer Wirbel! …

Nur hier …

Alles! Nichts! Gott! …

Im Heidekraut

I

Auf der Klippe

Hoch oben lieg ich,im Heidekraut,
hoch über den dunklen Wäldern,
hoch auf sonnenglühendem Geklipp.

Ich denke, ich treibe auf einem endendlosen Meer,
Das Spiel seiner Wogen ist das helle Himmelsblau,
das unaufhörliche Rauschen und Wühlen des freien Bergwindes in den hohen Kronen,
Vogelgezwitscher und wehende Düfte,
Summen, Schrillen und Knistern der Käfer,
die hundert Geräusche der windbewegten Zweige,
blitzende Strahlenund ruhende, gleitende Lichter,
wellende Farbenund das Blinkern und Donnern der Wildwasser –und meine Gedanken,
meine dummen Gedanken ...
Mit Strömen von Wärme und Licht rauscht die Welt Lieder durch meine Pulse,
dunkle, grausige, süße Lieder der Einheit.
Über die blauen Täler hin,
in die weite, sonnige Welt hineinschwatzt dich meine Sehnsucht,
du liebes, unergründbares Rätsel;
neckt sich mit kindlichen Torenwortendie uranfängliche Kraft,
ihr eigenes Rätselund ihres eigenen Rätsels Sinn ...

II

Heidekraut steck ich an meinen Hutund wandre.
Was ist mein Ziel?
Der Ruf eines Vogelsglockenhellaus einem tiefen, fernen Grund ...

Unter den tiefen dunklen Wolken

Unter den tiefen dunklen Wolken hinhinein in den fröhlichen
Vorfrühlingswind.
Die grauen Wellenschäumen über den Kiesund in den roten Weiden
Zwitschert eine Lercheihr erstes, eiliges Liedchen:

Goldige Fluten!Blauende Höhen!

Immer, immer mit dem Winde herüberdas eilige, helle Zwitschern.

Sonne, liebe Sonne!
Du liebes altes schelmisches Augeda obenzwischen der dunklenjagenden,
fruchtenden Feuchte!
Morgen, morgen verbrausen die wilden Stürme!
Morgen, morgen hab ich dich! Morgen jauchzt dein goldiges Gelächter
über die Welt ...

Die Vehikel

Gib mir, wo ich stehe!

Nun! Ich bin so ein Allerweltspapa, sitze irgendwo im Mittelpunkte der Welt in einem alten, guten, soliden Sorgenstuhl, von wo aus ich den schönsten, geordnetsten Überblick habe.

Man meint, meine Augen seien ein wenig schwach, mein Gehör ein wenig verschleiert. Das sind so Besorgnisse und Klagen, was weiß ich! jedenfalls Vorurteile.

Ich sitze ja hier vortrefflich, und alles hält sich in bester Ordnung.

Wirklich! Es ist eine ewige, endlose Freude!

Da seh ich viele Millionen goldener runder Wagen, die fahren in weiten, jubelnden Kreisen einem gutverbürgten Ziele zu, fahren die weite, weite Fahrt durch die Welt.

Das ist ein einziger, allerliebster Dummerjungenskrakeel, ein einziger süßer Spektakel!

Da kribbelt es in ewig geschäftiger Unrast, und ich sehe lauter weite lachende Kinderaugen.

Und alles ist ein nimmer endendes Halleluja!

Wie?!

Nun, wie's auch damit sein mag: ich sehe, was ich sehe! – Millionen, Milliarden lustiger Vehikel meiner Seligkeit, meiner Seligkeit!

Andacht

Sommerabend!

Ich trete vor die Tür, vorm Schlafengehn noch ein wenig Luft zu schöpfen.

Müde laß ich mich auf die Bank nieder, zufrieden.

Nach getaner Arbeit ist gut ruhn.

Mit dämmerbraunen Felderbreiten dehnt sich im Halbkreis weit das flache Land. Die milchweißen Nebel liegen auf den Wiesen, von den Getreidefeldern weht die Kühle den köstlichen Roggenduft herüber, und aus der Ferne schnarren die Rebhühner.

Weit über dem braunen Frieden der Breiten aber dämmert der Himmel mit allen Sternen. Breit schimmert die Milchstraße zwischendurch.

Ich lehne den Kopf in das Weingerank der Mauer, und meine Sinne versinken in dem unendlichen Geglitzer.

»Heilige Nacht! Wie ein Cherub strahlst du!« …

Versunkensein!

Wer ermißt diese Tiefen?

Innen und außen: kaum sind sie zu scheiden.

Ich bin die lichtgewölbte Weite da oben mit ihren zahllosen Welten. Ich bin das tiefe, süße Dämmern der Breiten, der Duft des Roggens und der tiefbraunen Erdschollen. Ich bin der Ruf der Rebhühner, leises Laubrascheln und hundert feine Geräusche; bin das Gekläff des Hofhundes vom Gehöft drüben; bin der zarte Sternschimmer auf seiner Scheunenmauer; bin die tiefen, schwarzen Schatten.

Und in mir noch eine Sehnsucht?

Augen! Augen! – Fern, fern weite, große Augen, tiefdunkle!

Immer, immer mit demselben uralten Rätsel! …

Der Tod

Ich sehe einen lieben Menschen sterben, mir innig verbunden.

Mit einemmal kommt mir das Bild hier in die Dunkelstunde hinein.

Ich sehe ihn auf dem Sofa sitzen. Die Arme hängen schlaff in den Schoß, die Beine hat er, voneinandergespreizt, lang vor sich hingestreckt. Das Gesicht ist fahl, und darinnen glühen die braunen Augen. Mühsam wendet er den Kopf, aber sie sehen nichts mehr. Sein Bart neigt sich auf die Brust, allmählich verröchelt der Atem: er ist tot.

Und ich sehe ihn auf seiner Matratze liegen, mit seinem stillen, weißen Gesicht, in seinem Leichenstaat, schwarze Handschuhe an den Händen. Arme und Beine von sich gestreckt, liegt er da wie ein Hampelmann.

Mich überkommt ein Brüten.

Will mich etwas bange machen?

O, in mir ist eine trotzige Unwissenheit, und die fabelt aus den Tiefen meiner Unruhe ein fröhliches, ausgelassenes Märchen!

Tod! Was kümmerts mich, daß ich sterbe? Mein Tod ist meine letzte Wonne.

Nie wieder leben? Nie wieder leiden! – Leiden: Kämpfen!

Kampf! O Wonne, ewige Wonne! – In mir ist ein Auge, das sieht alle meine Endlichkeiten und meine immer erneute, fröhliche Wiederkehr!

Ich bin ich, bin diese meine Endlichkeit, und ich bin Ich, bin mein ewig Unbegriffenes, das ist über Räume und Zeiten und alle Meinungen meiner Endlichkeiten. Mein Endliches ist nichts als eine zitternde Flocke, die auf Seiner urewigen, zeitlos gebärenden Flut schaukelt.

Ewig Ich-Du!

Fühlst, fühlst du das?!

Ewig tauch ich aus den Tiefen Meiner Einheit als ein Endlicher und eine Endliche!

Du, o du, fühlst, fühlst du das?! …

Das dunkle Tor

Ich weiß ein dunkles Tor.
So klein oder so groß es ist,
kommt, ihr fröhlichen Kinder!
da stoßen wir all unsre Freudenund all unsre Leiden hinein,
in leidfroher Lust,
in lustbangem Leid,
die müden.

Irgendwo, irgendwie ist dahinter ein Jungbad.
Wenn sie wieder hervorkommen,
die lieben gewaschenen Seelchen,
zu uns,in die Sonne, so gibt es eine neue Lust! ...

Was es doch ist!

Dir geht es schlimm,
mir nicht besser!
O wärs am Ende!

Aber hier ist mein, dein Leid,
meine, deine Sehnsucht,
und hier ist ein drittes,
Notwendiges!

Was ist es?

Ist es ein Keimchen, das noch sprießen muß?
Ist es ein Sonnenstäubchen, das noch wirbeln muß?
Ist es eine Blume im Mai,
eine Flocke im Winter,
ein bunttaumelndes Blatt im Herbst,
ein Staubkörnlein am Sommerweg?

Was ist es?Wenn es nicht wäre,
wäre die Welt am Ziel!
Wenn es nicht wäre,
läge die Welt in Trümmern!
Mein, dein Muß und Zwang! –

Was ist es doch?

Zwischen Anfang und Endemüssen wir ihm befohlen sein! ...
Der Neugeburt eines Mückleins wohl,das noch zum Licht will ...

Glück

Goldene Träume träumt die Not und die laute Torheit!

In blauen Fernen erdämmern Welten der Verheißung, erdämmert das verkündete Reich des Friedens!

Aber Millionen dunkler Stimmen kommen und gehen, Stimmen der unbefriedigten Not und der Gerechtigkeit, Klagen, daß nur der Traum des Traumes Erfüllung! …

Küsse mich!

Wir sehen uns an und lachen!

Unser sind tausend Traumwirklichkeiten, und mehr! Denn uns gehört ein gegenwärtiges kluges Glück und fromme Stunden der Erfüllung, der ewigen, einzigen! …

Mondlicht

Eine Phantasie

Was ich schreibe, das schreibe ich von mir selbst, und wer es liest, der mag nach Belieben denken, er lebe es in sich selbst. Immer ist ich ich und du und gar umfangreich! …

Ich halte Dunkelstunde bei einer Zigarre.

Lange cremefarbene Gardinen mit feinen cremefarbenen Spitzen vor einem breiten, hohen Fenster. Und dazwischen, drüben über dem Dachfirst, steht hell der große runde Vollmond und lugt silberblau in meine Stube.

Mir wird so närrisch zumut, und ich fange an zu phantasieren.

Es ist wie eine religiöse Anwandlung.

Ich denke, ich bin der eine, der Wanderer von Anbeginn, liege hier still und höchst modern auf meinem Ruhebett und schaffe mir ein Divertissement.

Ich habe eine gar ruhige, umfassende Laune; viel, viel paßt in sie hinein. Selbst ermeß ich nicht ihre dunkelsten Tiefen! –

»Schwester du vom ersten Licht,Bild der Zärtlichkeit in Trauer ...«

O Mond! O Hell-Dunkel! O lichte Nacht!

Ich denke, du bist es, eine Ferne, die hier hereinschaut, und ich phantasiere mit dir fromm das alte Märchen von unserer Ewigkeit.

Weißt du noch? Weißt du auch?

O weite Fahrt! O wogende wechselnde Welt!

Du mein goldener Dämon! Mein Wille und meine Sehnsucht! Wie mit einem Strahl aus deinem fernen Auge, neckisch, sehnend, grüßt es mich, dunkel …

Religion …

Leben, Verwesung! Blüte und Welken!

Ich träumte es in zwei Träumen.

Es war eine herrliche, grausige Fahrt durch ein endloses Meer, durch Milliarden geheimnisvoller Gebilde mit unzähligen Landungen und Abschieden.

Und es war ein Heben und Sinken, hinauf in Himmel blutwarmen, kraftfröhlichen, liebegewaltigen Lebens, hinab in fade, schauerliche Verwesung; und hinauf hinab, hinab hinauf!

Und das ist unser ewiger Wandel und unsere Einigung! …

Laß! Komm!

Hier!

Drüben auf dem Tisch im blauen Traumlicht steht eine Amphora.

Wir machen uns Hellas zu eigen.

Säulenpracht und heiligheitre Tempelschöne. Im holden Bann des Dreiklangs umspinnt uns unser altes Lied mit goldklaren Melodien.

Der edle Faltenwurf langer, lichter Gewänder. Die Spiele der Olympien, das schöne Gleichmaß heller, athletischer Gliederpracht.

Aber dein Auge, immer und nur! Tief, klar – dunkel! …

Und jetzt sind wir in Indien, in der alten, uralten Heimat!

Eine fremde, wunderlich üppige Vegetation; seltsam glühende Blumen mit wundersamen Düften. Dunkelhäutige Menschen mit dunklen Weisheiten. Die mystische Pracht und Gliederung der mächtigen Tempel. In ihrem blauen Dämmer zwischen heimlicher Farbenglut, funkelnden Steinen und Metallen riesige, starre Götzenbilder, Spiele unserer Träume von uns selbst und unsrem ewigen Schicksal. Zimbelklang und seltsame Tänze und Künste und der Wahnsinn der Begnadeten.

Aber nur immer ich und du und unser süßes, tiefes Geheimnis! …

Immer mein, dein Fliehen und Finden!

Nun ist hier unser Rhodus, und hier tanzen wir! Hier!

Da sind die hohen Häuser, und hier ist unsre Stube und dieses gegenwärtige Leben! …

Ist es nicht ein schönes Märchen, das Märchen von dir und mir? …

Nachthimmel

Hoch in den Höhen,
weit über den nachtdunklenraunenden Gärtenfunkeln alle Gestirne.
Die Liebe,die ewige Liebehat zu tun!
Hilft,hilft, daß die Welten stieben!
Und ich versinkestaunendin dem mystischen Graueneines unendlichen Trostes!